T41

OBSERVATIONS

JUSTIFICATIVES

SUR LES VOTES CONDITIONNELS,

DANS LA MALHEUREUSE AFFAIRE DU ROI LOUIS XVI;

Par M. l'ex-sénateur comte DUBOIS DU BAIS.

> Le prince est la loi vivante qui adoucit ce que la loi écrite pourrait avoir de trop rigoureux.
>
> (*Paroles de l'empereur Julien.*)

De l'Imprimerie de FAIN, rue de Racine, place de l'Odéon.

OBSERVATIONS

JUSTIFICATIVES

SUR LES VOTES CONDITIONNELS,

DANS LA MALHEUREUSE AFFAIRE DU ROI LOUIS XVI.

Quoique ces Observations soient dans mon intérêt particulier, la vérité la plus scrupuleuse sur tous les points sera mon guide invariable : je ne m'appuierai d'aucun fait qu'il ne soit bien justifié, ni d'aucun acte qui ne soit authentique ; je veux éclairer et non tromper, ni même pallier, et la plus sévère impartialité dictera mes conclusions : je traiterai enfin la question qui fait l'objet de cet écrit, avec la même bonne foi et la même sévérité que si j'y étais étranger ; toute ma peine sera de rappeler des souvenirs douloureux, et d'être forcé, par des circonstances impérieuses, de reproduire des événemens que l'écoulement d'un quart de siècle semblait avoir couverts du voile du temps pour ne plus appartenir qu'à l'histoire. J'entre en matière.

Une loi de bannissement vient d'être rendue contre ceux qui, ayant signé l'acte additionnel de Bonaparte, ont eu le malheur de participer au fatal jugement du roi Louis XVI, de si douloureuse mémoire ; pour beaucoup, je le crois, dans la vue de sauver leur propre existence, dont le sacrifice n'aurait pu sauver le Roi, puisque tous ceux qui le défendirent trop ouvertement périrent (1) : c'est sans doute cette vérité qui avait inspiré au Roi de les comprendre dans son acte d'amnistie, et, d'abord, d'insérer dans sa Charte *que nul ne serait recherché ni inquiété pour ses opinions et votes.*

Pour se convaincre en effet de cette terrible et cruelle position de la Convention, à cette désastreuse époque, il suffit de lire l'opinion (2) de deux de ses membres sur la question de *l'appel au peuple*, d'autant plus irrécusable qu'elle fut soutenue par plusieurs autres, qu'aucun des membres de l'opposition ne la désavoua, et dont bien des personnes existantes connaissent et attesteraient la vérité, si elle n'était encore de notoriété publique. L'on reconnaîtra alors qu'il a fallu un courage plus qu'ordinaire pour ne pas se soumettre à la volonté, horriblement menaçante, d'une faction monstrueuse qui dominait la Convention, peu nombreuse, à la vérité, au-dedans, mais tellement forte au-dehors, qu'elle disposait, sous l'influence de la commune de Paris et du général commandant, dévoués au chef (3), de toute la force armée et d'une multitude égarée qu'elle mettait en action à sa volonté, sans que la Convention en masse eût le moindre appui pour elle : il est d'autant plus

---

(1) Dans ce nombre il y eut plusieurs votans avec condition, dont Dufriche-Valazey, et Gamon, député de l'Ardèche, qui n'échappa au supplice que par une fuite heureuse.

(2) Devars, député de la Charente-Inférieure, sur la question de l'appel au peuple :

« Je connais nos dangers : Qui pourrait les ignorer, après avoir
» entendu les motions faites dans une société célèbre, *environnée de*
» *cinquante mille hommes* qui nous poursuivent par pelotons dans
» cette ville, *et qui nous menacent* DE LA MORT ? Mais j'ai oublié toutes
» mes affections pour me dévouer au salut du peuple, et je dis Oui. »

Chambon, député du département de la Corrèze, sur la même question :

« Tout, depuis que je suis ici, me prouve qu'il existe une faction
» formidable.... J'ajoute que, s'il y a quelque courage à s'exprimer ici
» sur telle ou telle question, *c'est sur celle qui a été désignée à la hache*
» *des bourreaux*, et comme je dis Oui, je m'honore d'être du nombre
» *de ceux qui ont tant à risquer.* »

(3) Roberspierre.

important de retracer ici ce tableau , aussi fidèle qu'ef-
frayant , même pour les plus courageux de ses membres ,
qu'elle fut le principal motif de la conception des votes
conditionnels , comme étant , dans d'aussi périlleuses circonstances, le moyen qui leur parut le plus efficace de sauver
les jours du Roi , et de le soustraire au fer des assassins ,
dont sa personne et sa famille étaient éminemment me-
nacées ; et pour que l'on sache bien quelle place les votans qui y ont eu recours méritent dans l'opinion publique et de la justice du Roi , puisqu'il est de toute évi-
dence que ce vote n'a été conçu que dans le seul intérêt
du roi Louis XVI , et qu'il a été et n'a pu être légalement
compris que dans le nombre de ceux émis pour son salut.

Pour s'en convaincre , il faut d'abord reconnaître en
principe irréfragable que , dans tous les cas possibles , la
condition en vertu de laquelle on a proposé un engagement , rend l'engagement nul dès qu'elle n'a pas été
acceptée , et que celui qui l'a imposée y a tenu. Ceci est
applicable à tous les actes publics et privés , et n'a pas
besoin de démonstration : ainsi , le vote conditionnel de-
venait nul contre le Roi , et réel pour lui dès que la condition n'était pas acceptée ; ce qui voulait dire : Je vote à
cette condition , ou je m'oppose. Rien de plus clair : si la
condition eût été adoptée ; dans ce cas, trop improbable ,
on contenait les assassins , et , en gagnant du temps , on
avait l'espoir de trouver , dans l'intervalle donné , les
moyens de sauver le Roi , soit en renversant et détruisant
la faction , ainsi qu'il arriva depuis , soit en rappelant à la
raison les esprits égarés par elle , soit enfin par d'autres
moyens que les circonstances et les événemens toujours
rapides et changeans en révolution auraient pu faire
naître. Tel fut le calcul bien avéré des votans avec condition ; et il est impossible d'appliquer leur genre de vote
à un autre but qu'à celui du salut du Roi : c'était , en un
mot , une chance combinée uniquement dans son intérêt. En s'arrêtant donc à cette seule vérité , bien démontrée , il serait impossible de leur trouver la moindre
culpabilité ; mais , lorsqu'on va connaître les actes de leur

conduite ultérieure, la conviction en sera telle qu'elle confondra les plus incrédules.

Ce ne fut donc pas sans raison que M. le comte de Châteaubriand, écrivain aussi éclairé que sage, dans son ouvrage sur la politique, se reportant au jour du combat, ainsi que tout homme vraiment impartial et ami de la vérité, doit le faire, fit l'éloge de ce vote, en disant qu'il était peut-être le mieux imaginé pour sauver le Roi, *et que c'était tout*, dans des circonstances aussi menaçantes, *de gagner même vingt-quatre heures*. Par suite de cette judicieuse pensée, il se fit cette question à l'égard des votans avec condition : Sont-ils coupables ? à laquelle il répondit : Non, *d'intention*; oui, *de fait*, parce qu'il supposa, et dit, par une erreur des plus graves, que *le parti conventionnel avait rejeté les moyens dilatoires et s'était emparé de ces votes contre le Roi*. Si donc il fit l'éloge de ce vote dans une supposition aussi erronée sur *le fait*, ainsi qu'il l'a reconnu depuis, d'après des observations qui lui furent adressées, en réponse desquelles il exprima ses regrets, que n'en eût il pas dit d'avantageux, s'il eût su que ce votant n'était coupable ni *d'intention*, ni *de fait ?* s'il eût su que, loin d'avoir rejeté ses moyens dilatoires, la Convention les avait au contraire respectés; que, même pour s'assurer de la véritable intention de ceux qui y avaient eu recours, elle leur fit subir l'épreuve d'un second appel pour connaître s'ils tenaient à leur condition, ou si leur vote en était indépendant, ce qui voulait dire s'ils entendaient, en y tenant, que leur vote fût pour le Roi, ou contre, en abandonnant la condition ? Malheureusement, sur soixante-douze votans, la peur, sans doute, en fit rétracter vingt-six; et les quarante-six autres y ayant persisté, leurs votes furent rangés, suivant leur volonté bien constatée par cette épreuve, dans la classe de ceux émis pour son salut : preuve incontestable qu'ils ne l'avaient conçu qu'à ce dessein.

Ces observations, il faut le dire, appuyées des titres les plus authentiques en leur faveur, ont moins pour objet de les soustraire à la loi du bannissement, qui ne peut et ne doit les atteindre, que de rectifier l'opinion publique et celle de bien des personnes trompées et abusées par des ouvrages très-inexacts à ce sujet, et dont les auteurs, excepté M. Méjean (1), dans leurs listes, les ont confondus sans distinction avec ceux qui ont participé par leurs votes au fatal jugement; il est donc bien démontré que le votant avec condition est aussi pur *d'intention* à cet égard, qu'innocent *de droit* et *de fait*.

Mais une autre circonstance de leur conduite va encore ajouter un grand trait de lumière sur la pureté et la vérité de leur intention, toute entière pour sauver le Roi : c'est qu'après avoir fait un vain essai de leur moyen dilatoire en sa faveur, ils rétractèrent leur vote, et déclarèrent, à la fin de l'appel nominal, avec ceux qui avaient voté la réclusion et le bannissement, ainsi que le constate le procès verbal de la Convention, *qu'ils n'avaient pas voté comme juges, mais comme législateurs, et qu'ils n'avaient entendu proposer qu'une mesure de sûreté générale.* Or, cette rétractation finale et leur récusation *comme juges*, ne laisse plus rien à désirer de justificatif sur leur compte, et effacent jusqu'au moindre scrupule à leur préjudice. D'ailleurs, sont-ce les mots qu'on doit juger, ou l'intention, ou les faits et leur résultat? Eh bien! leur intention ne peut être plus pure, les faits sont tout à leur avantage, et leur résultat ne pouvait être plus satisfaisant pour eux et plus exempt de reproches à l'égard du jugement: voilà ce qu'aucune puissance, telle qu'elle soit, ne peut détruire, parce qu'il n'est pas en son pouvoir de faire que ce qui a été n'ait pas été, et que ceux qui ont fait tout ce qu'ils ont pu pour détourner et empêcher le fatal jugement, y aient participé. Qu'ont-ils donc à craindre? et que ne doivent-ils pas espérer, puisqu'ils sont sous la sauvegarde de la justice et des lois protectrices de l'innocence la plus avérée? Elle est en effet tellement manifeste, qu'elle ne peut même être entachée du moindre soupçon.

---

(1) M. Méjean, en faisant l'éloge, dans son ouvrage sur le procès de Louis XVI, de la moralité d'un des votans avec condition (   ) dit : « Il est fâcheux qu'il n'ait pas tenu à sa condition, on n'aurait pas à le regretter qu'il ait participé au jugement du roi. »

Dans l'énoncé des discours de plusieurs des votans en faveur du Roi, même de quelque manière que ce soit, à l'appui de leurs opinions et votes, on y trouve des expressions choquantes, même quelquefois injurieuses à son égard; mais ce n'était que pour mieux cacher le véritable intérêt que l'on prenait à sa personne : c'était, conséquemment, pour donner plus de force au vote en sa faveur, et réussir à le faire adopter; c'étaient enfin des ingrédiens qu'on croyait les plus propres à faire trouver bon le moyen curatif et salutaire, et c'est ce qui s'aperçoit aisément; en un mot, dans un moment de si grand péril pour sa personne et aussi menaçant pour les votans placés sur un volcan prêt à les dévorer, tout moyen était bon, pourvu qu'on pût réussir à le soustraire au fer des assassins; et voilà ce qui occupait uniquement la pensée du votant, s'efforçant de cacher son véritable but par sa manière de s'exprimer : ce serait donc une injustice des plus grandes que de leur reprocher des mots et des expressions évidemment dictés par le seul intérêt du Roi, comme le vote conditionnel, etc.

J'ajouterai encore à tant de vérités incontestables, celle-ci, à l'égard de ceux qui ont eu le malheur de participer au fatal jugement, que, bien véritablement, il ne fut que l'œuvre réelle de la monstrueuse faction, ainsi que tous les maux dont la France fut couverte. La preuve incontestable en résulte bien évidemment de la conduite de la Convention, qui, dès qu'elle s'aperçut que l'influence de cette faction s'affaiblissait chaque jour, et que les esprits étaient presque tous détrompés par l'horreur toujours accroissante de ses forfaits sanguinaires, et qu'elle reconnut enfin qu'elle n'avait plus le même appui dans la force armée, ni le même empire sur l'opinion du peuple mieux éclairé, elle secoua son terrible joug, l'attaqua, la renversa, et fit subir à son chef (Roberspierre) de si horrible mémoire, et à ses plus dévoués complices, la peine due à leurs crimes, et par le même supplice qu'elle avait fait subir à tant de milliers de victimes innocentes; et depuis elle fit déporter aux îles la bande qu'on appelait *la queue de Roberspierre*. Ces actes de dévouement et de justice nationale de la part de la Convention ne seront pas, malgré tout ce qu'on peut dire de ses conceptions politiques, sans quelque mérite, lorsque l'on saura qu'elle fut, pendant plusieurs heures de cette nuit de l'attaque (le 9 thermidor), dans un état d'incertitude le plus critique et le plus alarmant sur son sort, qui dépendait du parti que prendrait la force publique armée, qui enfin abandonna la faction et se réunit à la Convention en lui livrant tous ses plus grands coupables. Le résultat heureux de cette victoire fut le renversement des échafauds, l'ouverture des prisons encombrées de détenus, et enfin la cessation du régime affreux de terreur ; elle rendit le calme et le repos aux familles désolées, et, autant qu'il lui fut possible, à cette époque de la grande agitation révolutionnaire des esprits, la paix intérieure à la France. On ne peut donc, sans injustice, la confondre dans l'accusation des attentats de la monstrueuse faction, puisqu'elle les eut en horreur, qu'elle les fit cesser dès qu'elle trouva un appui dans la force et dans l'opinion publiques, et qu'elle en fit subir la peine à ses plus coupables auteurs : toutes vérités incontestables.

Il y avait donc quelque mérite à opposer à cette trop redoutable faction, surtout par sa force irrésistible au-dehors, quelque moyen de détourner et de suspendre, sans trop la choquer, l'effet de ses fureurs contre le Roi, provoquées par la commune de Paris d'alors (1) ; et tel fut cependant le but bien démontré du votant avec condition, sans qu'il soit possible de lui en supposer un autre, puisque, s'il eût voulu participer au fatal jugement, il eût voté tout simplement, sans détour, et n'aurait pas employé un moyen dilatoire : ce n'était bien sensiblement qu'une ruse pour désarmer ou seulement arrêter un ennemi plus fort et dangereux. Ces vérités sont tellement éclatantes en faveur du votant avec condition, qu'on s'étonne d'être forcé de les démontrer.

---

(1) Voyez le Moniteur de cette fâcheuse époque.

Ainsi , prétendre lui faire l'application de la loi du bannissement, serait confondre dans une même mesure celui qui aurait participé au fatal jugement et celui qui s'y serait opposé ; ce serait un de ces actes dont les annales judiciaires n'offrent pas d'exemple : car , a-t-on jamais condamné un accusé quand seulement il a été justifié sur l'intention ? Mais quand, à cette pureté d'intention , tous les faits et leurs résultats ont été reconnus en sa faveur , alors cet accusé a joui de tout le triomphe dû à l'innocence : tel est le cas du votant avec condition , sans qu'il soit possible d'atténuer même ses moyens justificatifs sur tous les points de sa conduite , puisqu'il est prouvé que c'est de sa volonté expresse que son vote a été appliqué en faveur du roi , et que, conséquemment , il n'avait été conçu que dans son seul intérêt.

En un mot, l'écrivain éclairé que j'ai déjà cité (1), bien pénétré de ces vérités si constantes et si sensibles pour tout homme juste et impartial, a déclaré son innocence *d'intention* ; et le jugement de ce dignitaire acquerra d'autant plus de force, qu'à l'appui de cette innocence d'intention qu'il a reconnue et publiée, se joint dans le plus grand jour son innocence *de fait* bien avérée , qu'il ignorait.

Il est donc vrai que les moyens évasifs et dilatoires des votans avec condition ne furent qu'une inspiration de la sagesse en faveur du roi , et une combinaison salutaire appropriée aux circonstances, auxquelles toujours on doit se reporter pour apprécier la conduite des hommes et les bien juger ; et c'est encore ce qu'a observé M. de Châteaubriand , en disant, à cette occasion , *qu'il fallait se reporter au jour du combat.*

------

(1) M. de Châteaubriand , qui, en outre , a déclaré *qu'il était de tout bon Français* de diminuer , autant que possible , le nombre de ceux qui avaient participé au fatal jugement.

RÉSUMÉ.

Les votes conditionnels ont-ils été compris dans le nombre des 387 votes formant la majorité qui a consacré le fatal jugement du roi? NON.

Ont-ils été, au contraire, compris dans le nombre des 334 votes opposans? OUI.

La réponse à ces deux questions suffirait seule pour résoudre le problème en faveur des votans ; mais, lorsqu'à une solution si juste on ajoute que, afin de faire compter leur vote en faveur du roi, ils ont résisté à l'épreuve d'un second appel, pour leur faire abandonner leur condition ; qu'en dernière analyse ils ont fini par convertir leur vote en celui de *mesure de sûreté générale,* en se récusant *comme juges ;* et qu'en outre ils ont voté l'*appel au peuple* et *le sursis :* il est impossible alors de leur trouver, à l'occasion du fatal jugement, la moindre culpabilité, puisqu'on ne reconnaît, dans tout ce qui a été dit et fait de leur part, que le seul but de sauver le roi. Ils ont donc tout à espérer de la loi qui protége, et n'ont rien à craindre de la loi qui punit ; et le souverain qui en règle l'exécution, dont le cœur est sans doute trop affligé du nombre de ceux qu'elle frappe, ne permettra pas qu'elle atteigne jusqu'à l'innocent.

N'est-ce donc pas le cas de rappeler ici ces sublimes et touchantes paroles du meilleur et du plus chéri des rois, Louis XII, d'immortelle mémoire ? « Qu'on suive tou-
» jours, disait-il, la loi, malgré les ordres contraires à la
» loi que l'importunité pourrait arracher au monarque ! »

Et celles-ci du bon et grand roi Henri IV, en disant,
« que la vengeance était le plaisir d'un jour, et la clémence
» celui de toute la vie ! »

Et celles-ci du grand empereur Julien, à l'occasion d'un de ses sujets qui l'avait trahi, et qui, voulant lui faire grâce, répondit à ceux qui le pressaient de le faire punir :

« Apprenez que je veux augmenter le nombre de mes
» amis, et diminuer celui de mes ennemis ! »

Ces souverains, vraiment magnanimes, se seraient donc
bien gardés de permettre qu'on donnât à la loi qui punit,
une extension contraire à son texte et à son sens réel
pour atteindre jusqu'à l'innocent : ils savaient qu'un gou-
vernement n'est véritablement fort que par la justice,
et que le plus précieux des avantages de la société étant
surtout la garantie de l'innocence, ils devaient mettre
au rang de leurs premiers devoirs celui de la préserver de
toute atteinte.

Le prince peut, sans doute, adoucir la rigueur de la
loi envers un coupable, par son droit de faire grâce ou de
commuer la peine ; mais il ne peut l'étendre, même au
préjudice d'un coupable, et à plus forte raison de l'innocent.

Telles sont les garanties des votans avec condition,
puisque leur intention d'avoir voulu sauver le Roi par
leur moyen dilatoire ne peut être mieux démontrée ;
on ne peut donc les comprendre dans la loi de bannissement.

Mais si, ce qui ne peut se supposer, une erreur aussi
grave était commise à leur égard, faute sans doute
d'avoir bien compris le sens et le but de leur vote, ils
seraient tous les instans de leur vie, et jusqu'à leur der-
nier soupir, dans le cas d'une juste réclamation contre
une mesure si oppressive et aussi fortement erronée ;
ils ne cesseraient de se considérer comme existant toujours dans tous leurs droits civils et politiques, etc.,
parce que les droits de l'innocence sont moralement
inviolables, qu'ils sont au-dessus de toute puissance hu-
maine, que la Divinité, les protège et qu'ils sont à jamais
imprescriptibles.

Le comte Dubois du Bais.